OS TRÊS PASTORZINHOS DE FÁTIMA
Francisco, Jacinta e Lúcia

Coleção Amigas e Amigos de Deus
- *Os três pastorzinhos de Fátima* – Piera Paltro
- *Santa Cecília: história e martírio* – Josep M. Domingo
- *Santa Teresa Verzeri: vida e obra* – Rosa Cassinari
- *São Roque: serviço ao próximo* – Martirià Brugada
- *São Sebastião: novena biográfica* – Pe. Campos

Piera Paltro

OS TRÊS PASTORZINHOS DE FÁTIMA
Francisco, Jacinta e Lúcia

Dados Internacionais de Catalogação na Publicação (CIP)
(Câmara Brasileira do Livro, SP, Brasil)

Paltro, Piera
 Os três pastorzinhos de Fátima : Francisco, Jacinta e Lúcia / Piera Paltro ; tradução Alda da Anunciação Machado ; ilustrações Muriel Gaudiosi. – 2. ed. – São Paulo : Paulinas, 2012. – (Coleção amigas e amigos de Deus)

 Título original: I tre pastorelli di Fatima
 ISBN 978-85-356-1431-2

 1. Marto, Francisco, 1908-1919 2. Marto, Jacinta, 1910-1920 3. Nossa Senhora de Fátima - Aparições e milagres 4. Santos, Lúcia dos, 1907-2005 I. Gaudiosi, Muriel. II. Título. III. Série.

12-05297   CDD-232.917

Índice para catálogo sistemático:

1. Pastorzinhos de Fátima : Nossa Senhora de Fátima :
 Aparições e milagres : Cristianismo   232.917

Título original da obra: *I TRE PASTORELLI DI FATIMA -*
FRANCESCO, GIACINTA E LUCIA
© Paoline Editoriale Libri - Figlie di San Paolo, 2000
Via Francesco Albani, 21 - 20149 Milano.

Direção-geral: *Flávia Reginatto*
Editora responsável: *Celina H. Weschenfelder*
Tradução: *Alda da Anunciação Machado*
Auxiliar de edição: *Márcia Nunes*
Coordenação de revisão: *Andréia Schweitzer*
Revisão: *Patrizia Zagni e Ana Cecilia Mari*
Direção de arte: *Irma Cipriani*
Gerente de produção: *Felício Calegaro Neto*
Ilustrações: *Muriel Gaudiosi*
Editoração eletrônica: *Mariza de Souza Porto*

2ª edição –2012
1ª reimpressão – 2017

Nenhuma parte desta obra poderá ser reproduzida ou transmitida
por qualquer forma e/ou quaisquer meios (eletrônico ou mecânico,
incluindo fotocópia e gravação) ou arquivada em qualquer sistema ou
banco de dados sem permissão escrita da Editora. Direitos reservados.

Paulinas
Rua Dona Inácia Uchoa, 62
04110-020 – São Paulo – SP (Brasil)
Tel.: (11) 2125-3500
http://www.paulinas.org.br – editora@paulinas.com.br
Telemarketing e SAC: 0800-7010081

© Pia Sociedade Filhas de São Paulo – São Paulo, 2004

Fátima em Portugal

Nos tempos de nossos bisavós, aproximadamente há cem anos, talvez ninguém soubesse responder à pergunta: "Onde fica Fátima?". Atualmente, milhares de pessoas conhecem essa cidade e sabem de sua importância.

Na Europa, em Portugal, Lisboa, e depois acima, para o norte, além do rio Tejo, em um ponto próximo a Leiria, encontramos, em uma região não muito extensa, sobre um terreno ondulado, com campos, bosques e rochedos, um minúsculo lugar com nome árabe: Fátima. Lá perto, uma aldeia ainda menor chamada Aljustrel, com várias casas pequeninas que, naquela época, eram habitadas por camponeses e pastores.

O ano de 1917 não foi alegre nem para os habitantes de Fátima, nem para Portugal, nem para a Europa, pois uma guerra horrível estava devastando todas as nações. O papa Bento XV dizia que elas "brigavam entre si em terríveis carnificinas, e todos os dias a terra era banhada com novo sangue, cobrindo-se de feridos e de mortos... Era uma matança desnecessária".

Fátima também sofria com a guerra, já que muitos de seus soldados estavam à frente de batalha. De vez em quando, chegava a notícia de que alguém havia sido tombado em combate. Nessa época, era costume recitar o rosário em família, à noite. Todos, grandes e pequenos, rezavam, entre eles, as três crianças de Aljustrel, que se tornariam famosas, embora tivessem nascido no mais distante vilarejo do mundo.

Francisco, Jacinta e Lúcia

Os nossos heróis ainda eram pequenos, inocentes e alegres. Lúcia dos Santos era a mais velha, tinha dez anos, o priminho Francisco Marto, nove, e Jacinta, sua irmã, sete. Queriam-se muito bem; juntos inventavam longas brincadeiras e seu trabalho era pastorear.

Era comum que toda família possuísse um rebanho de ovelhas em um pequeno estábulo. Diariamente, ele era conduzido pelos estreitos vales ou sobre as elevações para pastar.

Lúcia, Francisco e Jacinta pastoreavam com prazer. Eles andavam pelas veredas entre as oliveiras, as amendoeiras, os castanheiros e os azinheiros. Francisco considerava a natureza imensamente agradável: as flores, os passarinhos, os animais. Tinha o hábito de ficar horas sentado sobre uma rocha a tocar breves canções com sua flauta, acompanhando os pintassilgos. Possuía bom coração, sempre ajudava uma senhora que costumava levar algumas ovelhas para pastar e frequentemente não conseguia conduzi-las. Ela lhe dizia:

– Você é o meu pequeno anjo da guarda.

Jacinta gostava muito dos cordeirinhos; carregava-os entre os braços, sorridente, e comentava:

– Faço como o meu santinho de Jesus, o Bom Pastor.

Ouvia encantada o eco em certos lugares rochosos: "Maria!", gritava, e o eco repetia: "Maria!". Era muito vivaz, brincava melhor que todos, dançava com elegância, quase sempre sozinha.

Lúcia era a mais tranquila, uma pequena mulher a quem as mães, tendo que trabalhar, confiavam de boa vontade suas crianças menores. Sabia bem o catecismo, recebera a primeira comunhão antes mesmo dos dez anos. Sua mãe, Maria Rosa, a havia educado bem e esmerava-se para que fosse sincera e esforçada.

Entre os três não havia divergências. Não sabiam nem ler nem escrever, mas eram hábeis na disputa de quem contava mais estrelas quando estas começavam a aparecer no céu.

Na pastagem, rezavam com o rosário, mas de maneira bem rápida: "Ave, Maria", dizia um, e "Ave, Maria", respondiam os outros e logo retomavam a brincadeira. Deus os olhava com muito amor e lhes preparava grandes acontecimentos.

O primeiro sinal

Na primavera de 1916, aconteceu o primeiro fato extraordinário aos três. Um pouco mais afastados, acompanhavam as ovelhas quando, entre as oliveiras, subitamente, ocorreu uma forte rajada de vento, o que fez com que as crianças exclamassem: "Ooooh!"

– O que é aquilo? – perguntou Jacinta, espantada.

Uma figura pairava no ar, brilhante como cristal ao sol, com aspecto juvenil. Era muito linda! Lúcia, Francisco e Jacinta estavam ali aturdidos quando a figura lhes disse:

– Não tenham medo, eu sou o anjo da paz... Rezem comigo!

Prostrou-se ao chão proferindo:

– Meu Deus, eu creio em ti, eu te adoro, espero em ti e te amo, peço-te perdão por aqueles que não creem em ti, não te adoram, não te esperam e não te amam.

Os três imitaram o anjo e ficaram de joelhos. Sentiram no coração uma alegria desconhecida e a grandeza de Deus, como nunca a haviam imaginado. Quando o anjo desapareceu, continuaram com aquele encantamento, lembrando-se de suas palavras inesquecíveis. Repetiam-nas absortos, como se tudo ao redor deles houvesse desaparecido. Só ao anoitecer, perceberam que era hora de retornar a casa. O mensageiro de Deus já os havia conquistado.

– Não sei o que aconteceu comigo – murmurou Jacinta –, hoje não estou com vontade de cantar nem de brincar.

– Nem eu – respondeu Francisco –, mas não importa. A visão do anjo foi gratificante.

Na Cova da Iria

Sem esquecer o que havia acontecido, os três pastorzinhos continuaram a sua rotina, porém muito mais atentos às coisas do coração, onde Deus se fazia ouvir. Em 13 de maio de 1917, um domingo, após a missa, eles decidiram levar o rebanho a um lindo vale verde, onde havia uma pequena propriedade dos pais de Lúcia, conhecida como Cova da Iria.

Alegres como sempre, lá chegaram por volta do meio-dia, comeram as provisões, rezaram e entregaram-se às brincadeiras.

– Vamos construir uma casinha de pedra? – propôs Francisco.

– Vamos já, e que seja esplêndida! – replicou Jacinta.

Naquele momento, porém, um fulgor claríssimo chispou no céu.

– Um relâmpago! – exclamou Lúcia preocupada. – Vamos recolher as ovelhas e ir embora antes do temporal.

Imediatamente abandonaram o que estavam fazendo e dirigiram-se a passos largos para casa; mas aquela luz não tinha sido um relâmpago e não havia nenhum sinal de temporal.

– Olhem! – disse Lúcia de repente, imobilizando-se.

Arregalaram os olhos: sobre um baixo azinheiro, ali, diante deles, apareceu uma Senhora fulgurante, inacreditavelmente bela, jovem e sorridente, vestida candidamente, com as mãos unidas segurando um longo rosário.

– Não tenham medo – sussurrou gentilmente. Eles não estavam com medo, simplesmente extasiados.

– Ooooh! – exclamou finalmente Lúcia –, mas de onde vem?

– A minha pátria é o céu – sorriu com simplicidade a luminosa figura.

E assim os três foram novamente atraídos a um mundo que não se percebe com os olhos e com maior intensidade que no dia da visão do anjo.

Aquela Senhora era bondosa e repleta de seriedade. Disse-lhes que se encontraria com eles durante seis meses, sempre àquela hora, que iriam para o céu e que faria alguns pedidos.

Lúcia, Francisco e Jacinta ouviram a proposta de algo grandioso, até incompreensível se, naquele momento, Deus não os irradiasse de sabedoria.

Com doçura e amor, a Senhora interpelou-os:

– Querem oferecer-se a Deus, prontos a suportar os sofrimentos que redimirão os pecados com que ele é ofendido e para obter a conversão dos pecadores?

Sua linguagem era rebuscada, não obstante, as três crianças, que meia hora antes corriam atrás de borboletas e se preparavam para construir uma casinha de pedra, conseguiram compreendê-la.

Prontamente, Lúcia respondeu por todos:

– Oh, sim! Nós queremos.

A Senhora abriu as mãos e delas se irradiou uma luz que inundou os pequenos de felicidade. Proferiu:

– Ó Trindade, eu te adoro! Meu Deus, meu Deus, eu te amo!

De joelhos, sentiam o coração cheio de luz. O pacto com o céu estava feito: recitariam bem o rosário, rezariam, ofereceriam sacrifícios a Deus, voltariam sempre para lá e não contariam, ainda, nada para ninguém.

Suavemente, a Senhora elevou-se sobre o azinheiro e desapareceu no alto. Tudo parecia concluído, porém os grandes acontecimentos de Fátima estavam apenas no início.

Sofrimento

*D*e volta à normalidade em Cova da Iria, as crianças continuaram repletas da alegria transmitida a seus corações pela Senhora. Lúcia compreendeu que aquele encontro não era um fato a ser divulgado aos quatro ventos como uma notícia qualquer. Ao contrário, era preciso, por enquanto, guardá-lo no coração e vivê-lo sem contar a ninguém, como recomendou a luminosa Senhora. Todavia foi impossível conter a felicidade irradiante de uma menina de sete anos.

– Oh, que linda Senhora! – continuava a repetir Jacinta, saltitando durante a volta.

Lúcia recomendou-lhe infinitas vezes que guardasse silêncio. Porém, quando chegou a casa, a pequena não resistiu e, ao abraçar sua mãe, revelou-lhe tudo a um só fôlego:

– Mamãe, eu vi hoje Nossa Senhora na Cova da Iria!

Sua mãe, Olímpia, agarrou-a pelo braço, fixou o olhar nela, incrédula, e perguntou se ela estava sonhando. A menina insistiu e chamou Francisco para intervir na questão, declarando com grande seriedade que eles dois deveriam rezar pelos pecadores... Inacreditável, porém verdadeiro; assim pareceu em família.

No dia seguinte, a mãe contou o ocorrido a amigas, e estas, a outras; desse modo, a notícia chegou a Maria Rosa, mãe de Lúcia, que reagiu de maneira bem diversa: não acreditou em nada do que lhe havia sido relatado.

– Oh, que desgraça! Minha filha Lúcia inventou uma fábula, tornou-se uma mentirosa, e com fatos sagrados! E ameaçou Lúcia com palavras e pancadas:

– Você vai confessar a todos que mentiu!

Para os pequenos, particularmente a Lúcia, começavam as aflições, porque eles, de modo algum, poderiam negar a verdade. Em poucas horas, seus corações já estavam transformados, pois a alegria misteriosa do encontro com a Senhora esplendorosa os preenchia; além disso, dominava-os um imenso senso de responsabilidade, reflexo de Deus, para converter os homens.

– Venha brincar, Jacinta!

– Não tenho vontade. Estou pensando no que a Senhora nos pediu: rezar e fazer sacrifícios pela conversão das pessoas... Mas que tipo de sacrifício?

– Podemos dar a merenda às ovelhas e ficar sem comer. – Era Francisco que, repentinamente, propunha o jejum.

Lúcia tornara-se mais silenciosa e doce. Era especialmente sobre ela, por ser a mais velha, que se concentravam censuras, ironias e ameaças. Sofria muito com a hostilidade da mãe e das irmãs maiores e, várias vezes, às escondidas, presenteava Jesus com suas lágrimas sinceras. Mas como não permanecer fiel à verdade das aparições? Havia algo grandioso, maior que tudo e todos, que a chamava ao dever e também a tranquilizava. Se no momento encontrava frieza e rigor em casa, o que ela presenciara na Cova da Iria, no entanto, permanecia bem nítido em sua memória e transmitia-lhe muita paz e uma coragem sobre-humana.

Após a festa de santo Antônio

Em 13 de junho, um mês após o encontro em Cova da Iria, comemorava-se em Fátima o dia de santo Antônio, padroeiro da paróquia. A grande festa, primeiro na igreja e depois em outros lugares, era muito apreciada por Lúcia. Mas naquele ano a Senhora a esperava na Cova. Em silêncio, Lúcia saiu, e com ela os priminhos. Muita tensão em casa: teria a "visionária" ido ao encontro em vez de ir aos festejos? Nove horas... dez... onze...

Desta vez, havia algumas pessoas no povoado que também queriam presenciar a aparição. Os três chegaram ao meio-dia e, quase que imediatamente, viram o relâmpago. Correram para o pequeno azinheiro gritando:

– É ela, é ela de novo!

As pessoas os observavam estáticas e arrebatadas e perceberam que algo fenomenal ocorria.

Foi um encontro doce e marcante para os pequenos. Sem dificuldade, naqueles momentos, compreenderam coisas muito maiores que eles, que os deixavam fascinados. Quem presenciou o acontecimento voltou para casa comovido. A mãe de Lúcia, no entanto, continuava implacável.

– Muitos estão indo à Cova da Iria por culpa de vocês. Enganar assim as pessoas! Que vergonha!

As crianças precisavam ser corajosas para continuar como testemunhas dos acontecimentos de Fátima. Após 13 de junho, a notícia já havia ultrapassado as fronteiras de Fátima a ponto de o pároco dom Manuel interferir mandando chamar Lúcia para uma conversa. Ouviu-a sem a repreender, apesar de continuar cético, e levantou uma terrível hipótese:

– Uhm, Lúcia... E se fosse o demônio tentando enganar você? Não seria a primeira vez na história nem a última.

Que tempestade em seu coração! Dom Manuel Marques Ferreira, ela o sabia, não falava ao acaso. E se tivesse razão? Contudo ela sentiu, também naqueles momentos, uma onda de fé quase inabalável que lhe aliviou o coração, isso fez tudo lhe parecer muito simples e certo, não obstante todas aquelas palavras de dom Manuel. Porém ela deveria considerá-lo, pois ele era um pároco. De vez em quando, era invadida por tristeza e medo. Enfim, decidiu:

– Desta vez não irei à Cova da Iria – declarou Jacinta na véspera de 13 de julho. – Digam àquela Senhora que eu receio que tudo não passa de um engano.

Pobre Lúcia, de coração tão puro e tão confusa. Mas no dia seguinte estava lá. Milhares de pessoas aguardavam na Cova. A certa altura da manhã, uma força irresistível induziu-a a colocar de lado todas as dúvidas e medos. Na hora combinada, Lúcia chegou, com Francisco e Jacinta. Com dificuldade, eles abriram caminho entre a multidão.

Era comovente tanta doação a Deus por parte de Lúcia, que vencera os temores graças à sua fé.

Ao chegarem próximo ao azinheiro, a Senhora apareceu e iniciou a conversa com eles. Todos olhavam fixamente os três e perceberam que sentimentos secretos se apoderavam deles e os transfiguravam. Lúcia, Francisco e Jacinta, que ainda ontem, como toda criança, brincavam despreocupadamente, agora participavam diretamente de algo grandioso, e a multidão ali em volta ficou extasiada e começou a rezar.

A partir daquela data, as três crianças fizeram uma solene aliança com a Senhora do céu. Em sua luz, haviam visto, num átimo, coisas terríveis do inferno e ouvido o grande pedido da resplandecente Senhora:

– Para salvar o mundo, Deus quer estabelecer a devoção ao meu Coração Imaculado.

Após as visões sobre-humanas que presenciaram, não poderiam mais ser as mesmas crianças. Apesar da tenra idade, as aparições estavam transformando-as e impulsionando-as a passos de grande santidade.

Sempre fortes e corajosos

Não havia apenas pessoas entusiastas ou críticas que comentavam diariamente os fatos extraordinários de Fátima, mas também os membros da autoridade pública, que estavam mais incomodados que hostis, posto que naquela época o governo se opunha às ideias eclesiásticas.

Em 1911, seis anos antes desses acontecimentos, um primeiro-ministro português havia declarado:

– Daqui a duas gerações, Portugal terá eliminado todo o catolicismo – palavras de guerra, já que naquele período a luta contra a religião era violenta.

O impacto desses acontecimentos no governo foi grande. Como se comentava somente isso por toda parte, o prefeito de Vila Nova de Ourém – ao qual Fátima estava subordinada – decidiu que era o momento de intervir. Foi elaborado um plano de capturar as três crianças precisamente no dia 13 de agosto, o que as impediria de ir à Cova da Iria. Aprisionadas no passo municipal, seriam ameaçadas e forçadas a se retratar, obrigando-as a declarar que tudo havia sido uma grande farsa. Foi um grande estratagema, entretanto o prefeito não obteve sucesso em sua intenção principal.

No dia 13 de setembro, executou o plano. Pela manhã, chegou de automóvel, conversou com os pais e os convenceu a deixar que levasse os três "culpados". Disse às crianças que fazer uma viagem como esta seria agradável – em 1917, os carros eram raros –, além de prometer-lhes que as levaria até a Cova da Iria. Em vez disso, dirigiu-se ao paço e aí iniciou perguntas sem-fim e ameaçadoras.

Um administrador e três crianças. A sua exasperação, com a resistência e o silêncio dos pequenos a respeito do segredo das revelações, resultou em cenas tragicômicas.

Dizia que "fritaria os rebeldes no óleo", que os fecharia em um compartimento. Dirigiu-se próximo a Jacinta, agarrou-a e a ameaçou:

– Se não falar, será a primeira a ser queimada. Venha comigo!

Para os menores, porém, a cena era trágica, porque não sabiam que o administrador estava fingindo. E ali floresceu, em todo o seu esplendor, o indiscutível heroísmo de Jacinta ao responder:

– Preferimos morrer. – E desapareceu com o prefeito, além da porta.

– Se ele nos matar como está prometendo – comentou Francisco calmamente –, em pouco tempo estaremos no céu... que lindo! Não me importo com a morte. – Também ele se foi com o prefeito, convicto de que seria o fim.

Lúcia, assim como os outros ameaçada de morte, não teve medo e confiou sua alma a Maria. O sofrimento que as crianças enfrentaram revelou a coragem delas, pois aceitaram passar por um verdadeiro martírio. Dez, nove, sete anos e tamanha fortaleza de ânimo e coragem!

O prefeito não podia, evidentemente, cometer três homicídios, e Lúcia, Francisco e Jacinta reencontraram-se, espantados e felizes. Ele se rendeu à inocência dos pequenos e os restituiu ao pároco de Fátima.

Aos poucos, o povo soube do ocorrido e reconheceu profundamente impressionado que as três crianças de Aljustrel deram um exemplo de verdadeiro heroísmo: acolhida do suplício e da morte.

Naquele 13 de setembro, as pessoas foram à Cova da Iria e estiveram prestes a ir à prefeitura para libertar Lúcia, Francisco e Jacinta. Contudo, alguns sinais extraordinários – uma nuvem luminosa, um trovão inesperado – detiveram-nas ali, na expectativa. Agora, cientes dos fatos, compreendiam melhor que Deus havia se empenhado muito para fortalecer a fé das três crianças e que era preciso corresponder de maneira digna.

A promessa de um milagre

O que ocorreu após 13 de agosto confirmou a crescente expectativa de todos no que se referia a Fátima. No dia 13 de setembro, uma grande multidão inundou os caminhos que levavam à Cova da Iria. "Não havia atalho, por pequenino que fosse, pelo qual não descessem pessoas para a estrada principal; era uma peregrinação digna desse nome; nunca vi em minha vida uma manifestação de fé tão grande!", escreveu um dos presentes. E ainda, a respeito de Lúcia, Francisco e Jacinta: "Sua simplicidade angelical demonstra que não mentem".

Surgiu no céu um globo de luz, e cerca de quinze a vinte mil pessoas viam-no passar admiradas, enquanto Lúcia, cheia de alegria, dialogava com a Senhora do céu, a qual lhe pedia que rezasse muito o terço.

Foi um dia intenso, vivido por todos com fé e alegria. Lúcia revelou que a Senhora do céu lhe prometera para 13 de outubro, último encontro, um grande milagre.

O povo não percebia que o maior milagre de Deus já havia ocorrido no coração daqueles três pequenos, transformados com o poder do Espírito Santo.

"Vamos oferecer este sacrifício pelos pecadores" havia se tornado a frase costumeira naquelas ocasiões. O ato de renunciar algo agradável, não saciar a sede em horas de muito calor e escolher penitências dolorosas era o segredo de uma generosidade extraordinária. E aquelas três crianças, alegres e brincalhonas como tantas outras, tornaram-se muito mais felizes que antes, amicíssimas da cruz. Era justamente esse o prodígio dos prodígios. Nascia do grande bem-querer que agora tinham por Jesus e que crescia nelas a cada dia.

– Prefiro ficar na igreja com Jesus – repetia Francisco, quando surgia a oportunidade de realizar alguma atividade interessante. E quantas fugas dos três quando as pessoas vinham procurá-los para vê-los, interrogá-los e admirá-los! Passavam horas em seus esconderijos.

Até que chegou o esperado 13 de outubro, dia do prometido milagre. Portugal inteira já sabia, pois os jornais de Lisboa e do Porto haviam divulgado o fato. Naquela manhã chuvosa, aproximadamente setenta mil pessoas estavam reunidas na Cova da Iria, em uma expectativa que, de tão intensa, parecia palpável.

Entusiasmo, muita oração, pessoas ajoelhadas sobre o terreno lamacento, nada importava! A tensão era forte, intensificada por boatos ocorridos nos últimos dias.

– Disseram que vão colocar uma bomba perto do azinheiro!

– Matarão aquelas crianças se o milagre não acontecer.

Meio-dia. Eis que surgiu a aparição. Lúcia ouviu a Senhora dizer novamente que era hora de se tornarem bons, rezar insistentemente, absterem-se dos pecados. Era sua mensagem, aquela pela qual apareceu. Por meio dos três pequenos, o mundo deveria compreendê-la e não esquecê-la. Sua fala era demorada, séria, última. Depois a Senhora elevou-se e, então, Lúcia gritou a todos:

– Olhem o Sol!

Espetacular: a chuva cessou, as nuvens se abriram e o astro resplandeceu sem ofuscar os olhos da multidão, petrificada pelo espanto, já que os raios tornavam-se de mil cores e a esfera movia-se girando sobre si em turbilhão, uma colorida festa no céu. O povo, formado por pessoas de todas as classes – jornalistas, cientistas, crentes e não crentes –, estava em oração. De repente, ouviu-se um suspiro imenso de medo quando o Sol pareceu precipitar-se do céu.

"Coisas maravilhosas aconteceram, como o Sol 'dançar' em Fátima em pleno meio-dia", havia escrito Avelino de Almeida no jornal antirreligioso *O Século*, de Lisboa.

– Maravilha! Milagre! – era o grito de muita gente.

Era uma emoção sem limites, e Lúcia refletia em seu coração que, passado o grande dia, todos deveriam obedecer a Nossa Senhora, pois isso era do agrado de Deus.

Adeus, Francisco e Jacinta!

Após 13 de outubro, muitos fatos ocorreram, entre eles, o fim da Primeira Guerra Mundial. O ano de 1918 trouxe a tão esperada paz, entretanto um novo flagelo dizimou milhões de pessoas: a febre espanhola, como foi chamada. Em toda a Europa, até mesmo em Aljustrel, o mal havia se alastrado. Em dezembro do mesmo ano, Francisco e Jacinta adoeceram.

Era a grande chamada: as duas crianças compreenderam isso em seu coração e sentiram que sua enfermidade era o caminho para o paraíso. Exemplo extraordinário que deve ser guardado no coração de todos. Ambos, após as aparições, haviam se tornado atentos aos desejos da Senhora do céu e faziam orações e sacrifícios pela salvação de muitas pessoas. Aquela doença deu fim a tanta generosidade.

– Hoje falem pouco, porque estou com dor de cabeça – disse, um dia, Francisco a Lúcia e Jacinta.

– Não se esqueça de oferecer sua dor pelos pecadores – recomendou-lhe a irmãzinha.

Eis como haviam se transformado na fé e no grande amor. O primeiro a subir para o céu foi justamente Francisco, que sempre se manteve doce. Os últimos de seus dias foram santos. Pediu insistentemente para receber a primeira eucaristia e fez o seguinte comentário:

– Hoje estou mais feliz que você, Jacinta, porque tenho Jesus escondido em meu coração!

Era já o dia da vigília:

– Vou para o paraíso, mas de lá rezarei muito a Jesus e a Nossa Senhora para que também levem logo vocês. Até mais... até o céu. Adeus!

Não tinha ainda onze anos, e eis que se realizava a promessa da celestial Senhora em 4 de abril de 1919.

Depois chegou o grande momento de Jacinta. Havia adoecido na mesma época em que Francisco. A febre, porém, se agravou a ponto de precisar ser internada no hospital de Vila Nova de Ourém com uma grave pleurite. Apesar de ter passado por muitos tratamentos dolorosos, não teve a saúde restituída.

– Está sofrendo muito? – perguntou-lhe Lúcia certa vez.

– Sim, estou, mas que seja tudo pela conversão dos pecadores... Ofereço essa dor ao Coração Imaculado! – conservou um entusiasmo misterioso, mesmo quando voltou para casa sem estar curada.

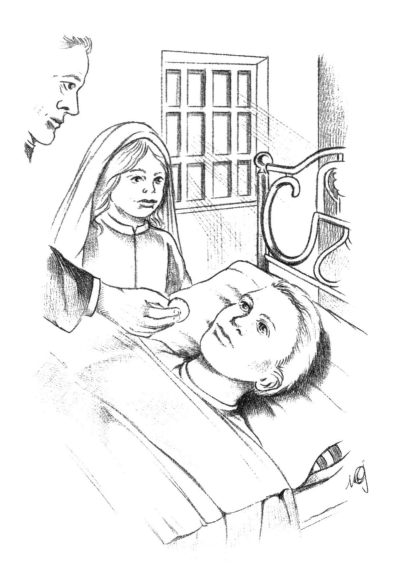

– Nossa Senhora me disse que irei a Lisboa, em outro hospital, mas não retornarei a ver nem você, nem mamãe, nem papai. E depois de ter sofrido muito, morrerei sozinha, sozinha... Disse também para eu não ter medo, porque ela viria me buscar para me levar ao céu...

Era essa a heroica atitude em seu pequeno coração. Manteve-se fidelíssima a ela, especialmente quando foi levada a Lisboa e esteve distante de todos. Sua alma estava repleta de luz.

"Se as pessoas soubessem o que é a eternidade, certamente fariam de tudo para mudar de vida!"

No dia 10 de fevereiro de 1920, foi submetida a uma cirurgia que deixou uma profunda ferida. Foram dias de tortura.

– Paciência! É para ir para o céu... – dizia.

Até 20 de fevereiro toda a flor desabrochou e foi colhida por Deus ao anoitecer, com um doce suspiro de adeus.

Durante três dias e meio, Lisboa inteira venerou o pequeno corpo, até os solenes funerais do dia 24. Uma menina de dez anos atraíra enorme quantidade de pessoas: mais uma vez Deus se manifestou na pequenez, como tanto lhe agradava fazer.

E nós, agora?

*D*esde 1917, inúmeros fatos ocorreram: invenções maravilhosas, empreendimentos extraordinários, como chegar à lua, mas também acontecimentos terríveis como a Segunda Guerra Mundial, além de milhares de outros conflitos. De tudo isso ficou, todavia, uma pergunta: neste século, tornamo-nos melhores? Não queremos ser pessimistas, nada disso; mas quanta crueldade e sofrimento há nestes tempos...!

Brota então, do fundo do coração, uma outra questão: os extraordinários e marcantes acontecimentos ocorridos em Fátima, que agora parecem tão distantes, não têm mesmo mais nada a nos ensinar? Pois bem, têm sim. E como!

No convento carmelita de Santa Teresa, em Coimbra, Lúcia viveu até os 97 anos com o nome de irmã Maria do Coração Imaculado. A ela, Nossa Senhora havia dito:

– Você deve permanecer aqui embaixo por mais tempo.

E ela, humildemente, viveu entre nós para lembrar-nos de que Fátima não foi um modismo.

Mais que nunca, Deus quer que o amemos de todo o coração.

Mais que nunca, devemos manter-nos distantes do que lhe desagrada: o pecado.

Mais que nunca, temos necessidade de Maria, a mãe de Jesus e nossa, para permanecermos bons em um mundo difícil,

pois devemos confiar-nos verdadeiramente a seu Coração Imaculado e boníssimo.

Ela estará pronta para ajudar-nos e sentir-se-á feliz em fazê-lo.

Dessa forma, concluímos que a nossa vida em quase tudo é diferente da dos três pastorzinhos de Aljustrel. Contudo, temos necessidade de Deus exatamente como naqueles tempos; ou seja, nada mudou! O terço, tão simples, fica muito bem nas mãos de qualquer pessoa, tanto quanto ficava nas de Francisco, Jacinta e Lúcia.

Efetivamente, nós nos tornamos ultramodernos; mas, apesar disso, algum cientista do mundo inventou uma supervitamina capaz de nos tornar bons, generosos, livres e felizes? Não, não é mesmo? De fato, não se encontra nada assim sobre a terra; todavia existe, mas vem de Deus.

Eis por que é um gesto sempre atual confiar nossas vidas ao coração de Nossa Senhora, nossa mãe, já que ela também intercede a Deus por nós. Podemos até mesmo ajoelhar, como faziam os três pastorzinhos, e, com imensa confiança, começar a dizer: "Ave, Maria..." ou outra invocação a Maria.

A festa que Francisco e Jacinta tinham pressa de presenciar no céu foi irradiada também sobre a terra. No dia 13 de maio de 2000, o papa João Paulo II, com toda a Igreja, beatificou as duas crianças. Além disso, indicou-as como exemplo para todos e confirmou, assim, sua grande vitória na vida.

Sumário

Fátima em Portugal 5

Francisco, Jacinta e Lúcia 7

O primeiro sinal 10

Na Cova da Iria 12

Sofrimento 16

Após a festa de santo Antônio..................................... 20

Sempre fortes e corajosos... 24

A promessa de um milagre... 28

Adeus, Francisco e Jacinta!... 32

E nós, agora? 36